miniLivro

Histórias da Bíblia

O Nascimento de Jesus

UM ANJO ANUNCIOU
PARA MARIA QUE ELA
SERIA **MÃE** DO FILHO
DE DEUS, JESUS.

ALGUM TEMPO DEPOIS, **MARIA E JOSÉ PRECISARAM VIAJAR ATÉ BELÉM.** CHEGANDO LÁ, HAVIA MUITAS PESSOAS NA CIDADE E ELES NÃO TINHAM ONDE SE HOSPEDAR, ENTÃO ACABARAM SE **ACOMODANDO EM UM ESTÁBULO.**

NAQUELA NOITE, **JESUS NASCEU.** MARIA ENROLOU O BEBÊ EM ALGUNS PANOS E O **COLOCOU EM UMA MANJEDOURA** PARA DESCANSAR.

EM UM CAMPO PERTO DALI,
ANJOS APARECERAM A
ALGUNS PASTORES, PARA
ANUNCIAR A NOVIDADE
DO NASCIMENTO DO
MENINO JESUS.

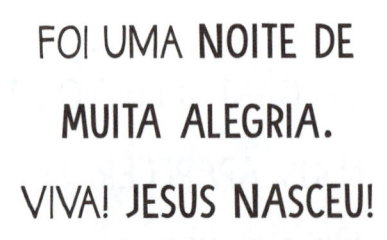

FOI UMA **NOITE DE MUITA ALEGRIA.**

VIVA! **JESUS NASCEU!**

ATIVIDADE

AJUDE JOSÉ E MARIA
A CHEGAR ATÉ BELÉM.

ATIVIDADE

DESENHE O MENINO JESUS
NA MANJEDOURA.

LIGUE OS PONTOS PARA DESENHAR A ESTRELA.

ATIVIDADE

ENCONTRE 3 DIFERENÇAS ENTRE AS CENAS.

RESPOSTAS

PÁGINA 12

AJUDE JOSÉ E MARIA A CHEGAR ATÉ BELÉM.

PÁGINA 13

ATIVIDADE

DESENHE O MENINO JESUS NA MANJEDOURA.

PÁGINA 14

ATIVIDADE

LIGUE OS PONTOS PARA DESENHAR A ESTRELA.

PÁGINA 15

ATIVIDADE

ENCONTRE 3 DIFERENÇAS ENTRE AS CENAS.